Des clowns à l'hôpital

Françoise

Rachid le timide
Mélanie la chipie
Pacha le chat
Pascale la géniale
Arthur le gros dur
Es-tu prêt pour une nouvelle aventure ? Eh bien, commençons !
Ah, j'y pense : les mots suivis d'un ☼ sont expliqués à la fin de l'histoire.

Pascale, Mélanie et Gafi rendent visite à Zoé, la cousine de Pascale. Zoé est malade. Depuis trois mois, elle est à l'hôpital.

Les filles montent dans l'ascenseur.
– Tu sais, je ne suis jamais allée dans un grand hôpital ! murmure Mélanie.

L'ascenseur s'arrête à chaque étage. Dans son coin, Gafi se fait tout petit : il a horreur des ascenseurs !

Enfin le neuvième : l'étage réservé aux enfants malades ! Aujourd'hui, ils reçoivent la visite

de leur famille, de leurs frères et sœurs.
Il y a un espace avec des livres, des bricolages ; et plus loin, un aquarium.

Pascale frappe à la porte de
la chambre 12. Zoé se redresse
dans son lit.
– Bonjour Zoé. Alors… tu vas mieux ?
interroge Pascale.
– Un petit peu mieux ! On attend
encore des résultats d'examens.

Pascale lui offre une boîte de bonbons.

– Hum ! Dommage que je n'ai pas faim ! soupire Zoé.

Devant la fenêtre, Mélanie s'exclame :

– Quelle vue magnifique !

– C'est encore plus beau le soir, dit Zoé.

Deux infirmières entrent et demandent aux filles de sortir quelques minutes. Elles chuchotent dans le couloir.

Tu veux connaître
la suite de l'histoire ?
Suis-moi !

Soudain, Mélanie a un petit rire de surprise :

– Qu'est-ce qui leur prend ?

Deux médecins se promènent
avec un nez rouge !
– Je les ai déjà vus une fois, dit Pascale.
Ils viennent ici chaque semaine…

Les infirmières sortent de la chambre. Les filles retournent près de Zoé.

– Elle t'ont fait mal ? demande Pascale.

Zoé désigne les flacons au-dessus d'elle :

– Non ! Elles ont remplacé tout ça ! Mais où est Gafi ? ajoute-t-elle.

À ce moment, on frappe à la porte. Gafi apparaît avec les deux médecins aux nez rouges. Ils saluent Zoé en chantant une douce mélodie. Puis ils se tournent vers Pascale et Mélanie.

L'un se met à gratter un curieux instrument à cordes.
L'autre demande à Zoé de tenir

le bout d'une cordelette sur laquelle
il fait marcher un pantin rigolo.
Zoé sourit.

Ils chantent à deux voix,
en regardant Zoé droit dans les yeux.
Ils font quelques pas de danse
et s'inclinent avant de sortir.
Zoé leur fait un signe de la main.

Mélanie pouffe de rire et lance :
– Mais…ce sont des clowns
ou des médecins ?
– De vrais clowns ! s'exclame Zoé.
On dit que le rire aide à guérir…
Mais où est encore passé Gafi ?

– Me voici ! claironne-t-il.

Et il se met à jongler avec des nez rouges. L'ambiance est joyeuse dans la chambre de Zoé ! Gafi s'arrête un instant et dit :

– Je me demande si je vais rentrer ou bien rester ici ?

c'est fini !

Réservé : qui n'est destiné qu'à certaines personnes. Au neuvième étage de l'hôpital, les malades sont les enfants. Une personne réservée est une personne discrète.

Examen : contrôle très sérieux ; à l'hôpital, ce sont des analyses ; à l'école, c'est une interrogation.

Vue : étendue que l'on peut voir d'un lieu.

Mélodie : air de musique.

C'est la fête!

réponse : les nez rouges sont : dans la poche de la fille en bas à gauche, sur le lit, sous l'oreiller de Zoé, derrière Gafi et derrière les flacons.

• Zoé est guérie ! À l'hôpital, c'est la fête ! Les clowns ont perdu 5 nez rouges, retrouve-les !!

• Trouve les mots qui se terminent par le son *-on*.

réponse : il y a les bonbons, l'accordéon, les ballons, les chaussons, le mouton, le crayon, le poisson, les boutons.

Top secret !

Déchiffre le message codé de Gafi.

A = 1
E = 2
I = 3
O = 4
U = 5
Y = 6

3L N2 F15T P1S 1V43R P25R D2 L'H4P3T1L. L2S D4CT25RS S4NT G2NT3LS 2T T5 P25X T2 F13R2 D2 N45V215X 1M3S.

réponse : Il ne faut pas avoir peur de l'hôpital. Les docteurs sont gentils et tu peux te faire de nouveaux amis !

le rire médecin

«de vrais clowns à l'hôpital»

En France, un enfant sur deux est hospitalisé avant l'âge de 15 ans. Pour ces enfants et leurs parents, une simple visite ou un long séjour à l'hôpital est un événement important et parfois angoissant.
Pour les aider à mieux vivre ces moments difficiles, *Le Rire Médecin* réunit des clowns qui interviennent deux fois par semaine et tout au long de l'année dans les services pédiatriques.
Les clowns sont des vrais « docteurs de la bonne humeur ! ».

Chaque année, les clowns offrent
plus de 55 000 visites pleines de rire, de poésie
et de tendresse.

POUR PLUS D'INFORMATIONS :
Le Rire Médecin
18 rue Geoffroy l'Asnier - 75004 Paris
Tél.: 01 42 72 41 31
www.leriremedecin.asso.fr

Dans la même collection

Illustrée par Mérel

Je commence à lire

1- *Qui a fait le coup ?* Didier Jean et Zad • 2- *Quelle nuit !* Didier Lévy • 3- *Une sorcière dans la boutique*, Mymi Doinet • 4- *Drôle de marché !* Ann Rocard • 15- *Bon anniversaire, Gafi !* Arturo Blum • 16- *La fête de la maîtresse*, Fanny Joly • 23- *Gafi et le magicien*, Arturo Blum • 24- *Le robot amoureux*, Stéphane Descornes • 29- *Une drôle de robe !* Elsa Devernois • 30- *Pagaille chez le vétérinaire !* Stéphane Descornes • 35- *Le nouvel élève*, Anne Ferrier • 36- *Le visiteur de l'espace*, Stéphane Descornes

Je lis

5- *Gafi a disparu*, Didier Lévy • 6- *Panique au cirque !* Mymi Doinet • 7- *Une séance de cinéma animée*, Ann Rocard • 8- *Un sacré charivari*, Didier Jean et Zad • 13- *Le château hanté*, Stéphane Descornes • 14- *Attention, travaux !* Françoise Bobe • 19- *Mystère et boule de neige*, Mymi Doinet • 20- *Le voleur de bonbons*, Didier Jean et Zad • 25- *Le roi de la patinoire*, Didier Lévy • 26- *Qui a mangé les crêpes ?* Anne Ferrier • 31- *Le passager mystérieux*, Françoise Bobe • 32- *Un fantôme à New York*, Didier Lévy • 37- *Des clowns à l'hôpital*, Françoise Bobe • 38- *Gafi, star de cinéma !* Didier Lévy

Je lis tout seul

9- *L'Ogre qui dévore les livres*, Mymi Doinet • 10- *Un étrange voyage*, Ann Rocard • 11- *La photo de classe*, Didier Jean et Zad • 12- *Repas magique à la cantine*, Didier Lévy • 17- *La course folle*, Elsa Devernois • 18- *Sauvons Pacha !* Laurence Gillot • 21- *Bienvenue à bord !* Ann Rocard • 22- *Gafi et le chevalier Grocosto*, Didier Lévy • 27- *Qui a kidnappé la Joconde ?* Mymi Doinet • 28- *Grands frissons à la ferme !* Didier Jean et Zad • 33- *Les chocolats ensorcelés*, Mymi Doinet • 34- *Au bal costumé*, Laurence Gillot • 39- *Mélanie la pirate*, Stéphane Descornes • 40- *Sous les étoiles*, Elsa Devernois

Directeur de collection et conseil pédagogique :
Alain Bentolila

Jeux conçus par Georges Rémond

Loi n°49956 du 16 juillet 1949
sur les publications destinées à la jeunesse
ISBN 978-2-09-252234-9
N° éditeur : 10167284 - Dépôt légal : février 2010
Imprimé en France par Loire Offset Titoulet à Saint-Etienne